KB271444

계림출판사

논술+글짓기 1 · 2학년

초판 1쇄 발행 · 1996년 10월 31일
중쇄 발행 · 2009년 8월 20일

감수 · 차원재
지은이 · 김양순

펴낸이 · 장은숙
펴낸곳 · 계림
주소 · 서울특별시 종로구 평동 13-69호
등록번호 · 제1-1793호

전화 · 722-7672
팩스 · 723-3093

이메일 · kyelim@lycos.co.kr
홈페이지 · www.kyelimbook.com

값 6,000원

※잘못 만들어진 책을 교환해 드립니다.

일기쓰기

재석이가 꿈을 꾼 이야기를 글로 썼습니다.

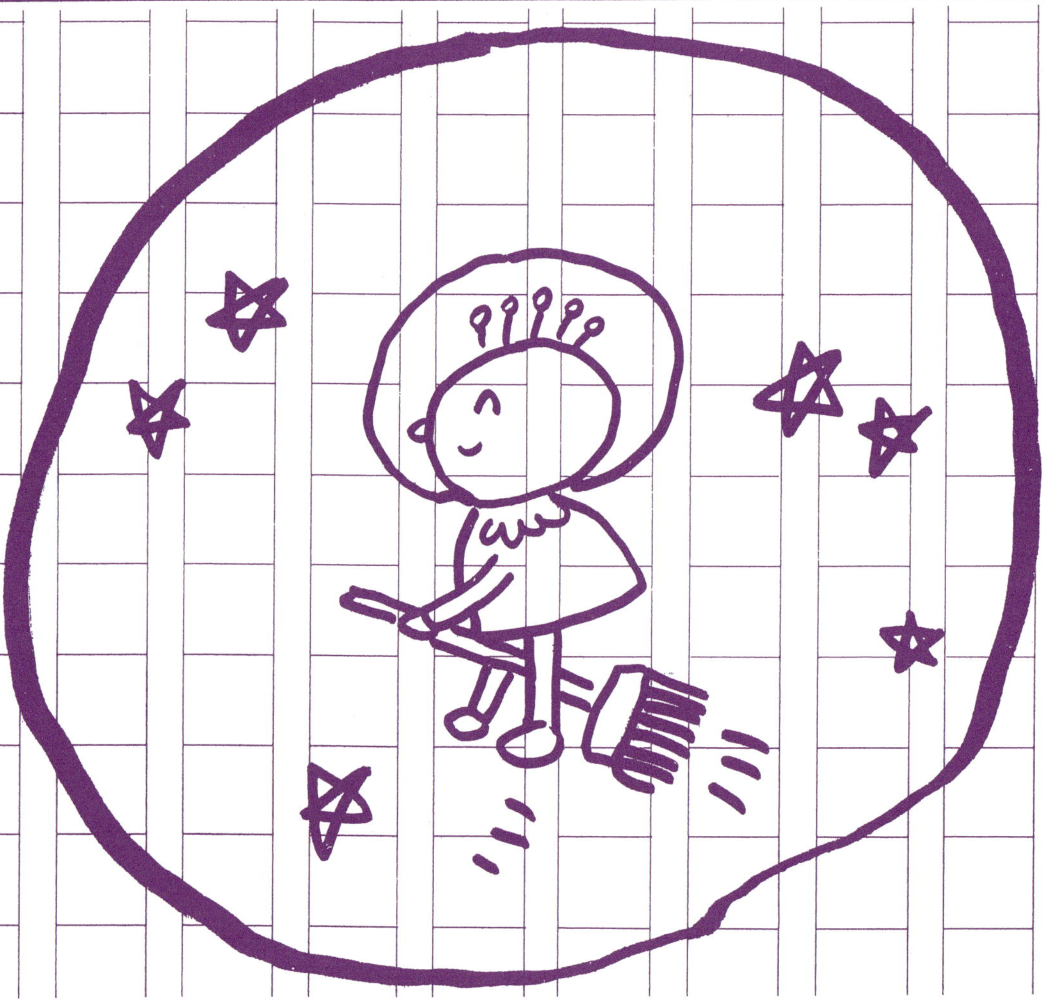

어젯밤에 꿈을 꾸었습니다.

나는 빗자루를 타고 하늘로 올라갔습니다.

반짝반짝 별이 빛났습니다. 우주는 무척 아름다웠습니

다. 그러나 달까지 가지는 못하였습니다.

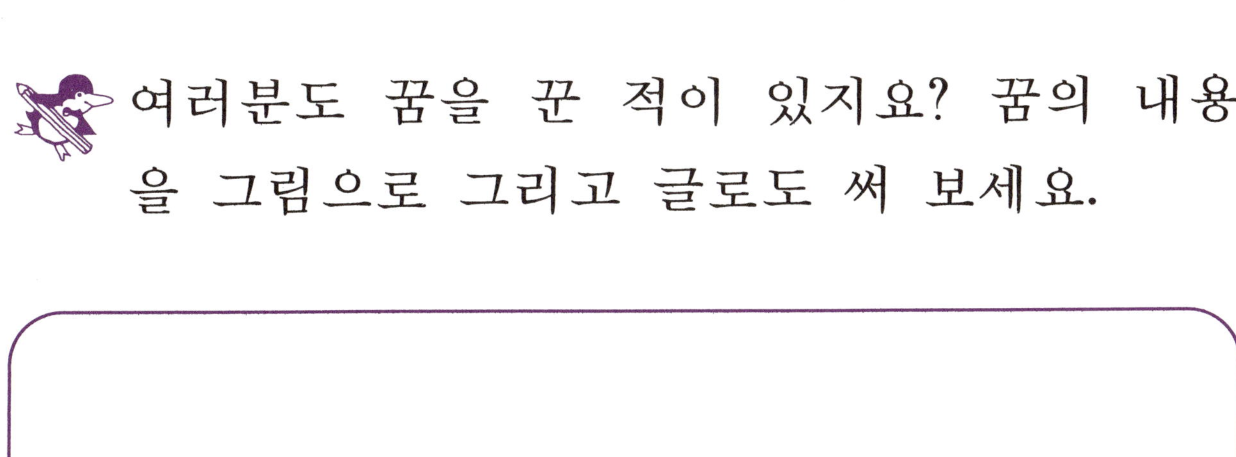

여러분도 꿈을 꾼 적이 있지요? 꿈의 내용
을 그림으로 그리고 글로도 써 보세요.

 일기를 쓸 때 꼭 알아 두어야 할 일들이 있습니다.

첫째

내 마음을 나타내는 글이므로 거짓 없이 씁니다.

둘째

거르지 않고 매일 써서 버릇이 되도록 합니다.

셋째

날짜, 요일, 날씨 등을 꼭 씁니다.

넷째

나, 오늘, 그래서, 그러나 등은 자주 쓰지 않습니다.

다섯째

가장 기억에 남는 일 한 가지만 씁니다.

여섯째

가장 쓰기 좋은 시간은 잠자리에 들기 전입니다.

 # 일기의 종류는 여러 가지입니다.

 글감을 찾아봅시다.

하루 일을 생각해 볼까요?
아침에 일어나서 저녁에 잠들 때까지의 일을 생각해 봅시다.

| 아침 | ⇒ | 늦잠 | ⇒ | 반찬 투정 |

| 학교 생활 | ⇒ | 체육 시간 | ⇒ | 선생님께 칭찬 들음 |

| 방과 후 | ⇒ | 교문 앞에서 병아리를 팜 | ⇒ | 숙제를 마침 |

| 저녁 | ⇒ | 텔레비전을 봄 | ⇒ | 시골에서 할아버지 할머니께서 오심 |

여러 가지 글감 중 한 가지를 골라서 자세히 씁니다.

⇨ 하루 일을 마치고

여러분이 한 일을 써 보세요.

| 아침 | ⇨ | | ⇨ | |

| 학교 생활 | ⇨ | | ⇨ | |

| 방과 후 | ⇨ | | ⇨ | |

| 저녁 | ⇨ | | ⇨ | |

 다음 일기를 읽고 글감이 무엇인지 찾아보세요.

3월 3일   금요일   맑음

컴퓨터 게임 중에서 레밍스를 골랐다.

레밍스는 생쥐들이 집에 가는 거다.

생쥐들이 버튼을 누르면 생쥐 위에 5, 4, 3, 2, 1이 나온다. 귀를 막고 '펑'하면 생쥐가 가루로 된다.

웃음이 나온다.

컴퓨터는 척척 박사다. 내가 모르는 것도 척척 알아 낸다.

컴퓨터 게임을 할 때면 엄마는 하지 말라고 그러신다.

난 그래도 컴퓨터가 좋다.

(중대부속초등학교 2학년 한종현)

• 이 글의 글감은 무엇일까요?

---

1. 그림 일기

 ## 그림 일기의 그림

그림 일기의 그림은 미술 시간에 그리는 그림과 똑같지 않습니다.

그림 일기는 말 그대로 일기입니다. 그림이 아닙니다.

그림을 그리는 데 시간이 많이 걸리지 않도록 합니다.

그림의 바탕을 모두 칠할 때도 있지만 칠하지 않아도 됩니다.

 ## 그림 일기의 글

그림과 같은 내용의 글을 씁니다.

짝의 얼굴을 그려 놓고 강아지에 대한 글을 쓰면 안 됩니다.

다음 그림 일기는 어떤 일을 나타낸 것일까
요?

1. 어떤 일을 일기로 썼나요?

----

2. 어떤 생각이 들었나요?

 어제 있었던 일 중에서 가장 기억에 남는
일을 그림 일기로 써 봅시다.

월   일   요일   날씨

그림 일기라고 꼭 그림만 그리는 것은 아닙니다.

  친구에게 받은 편지, 사진, 내가 좋아하는 과자 봉지, 대공원이나 영화관 또는 유적지 입장권을 그림 그리는 곳에 붙인 다음 글을 써도 된답니다.

월 일 요일 날씨

 글의 내용에 맞는 그림을 그려 봅시다.

월   일   요일   날씨

	내		생	일	이	다	.				
	친	구	들	이		많	이		왔	다	.
맛	있	는		음	식	을		먹	고	,	노
래	도		했	다	.						
	참		즐	거	웠	다	.				

2. 학습 일기

선생님, 학습 일기는 어떻게 쓰는 거예요?
아주 좋은 질문을 했구나.
공부를 하면서 느낀 점이나 어려웠던 점을 적는 거지.
……
좋은 생각이 났어요.
무슨 생각?
즐거운 생활 시간에 새 노래를 배웠는데 무척 어려웠어요.
그래, 이제는 부를 수 있니?
네. 다음 시간에는 더 잘 할 수 있어요.
그래 그것을 일기로 써 보렴.
학습 일기를 쓰면 공부를 잘 할 수 있겠네요.
역시, 효재는 똑똑해.

 ## 학습 일기를 감상해 보겠습니다.

월   일   요일   흐림

쓰기 시간에 원인과 결과가 잘 드러나는 문장에 대
해 배웠다.
"무슨 일이나 원인이 있고 결과가 있답니다."
선생님의 말씀을 듣고 현진이가 말했다.
"저는 어제 배가 아파서 병원에 갔어요."

원인 : 배가 아프다.
결과 : 병원에 갔다.

참 쉬웠다.
원인과 결과가 잘 드러나는 문장을 만들었다.

• 날씨가 추워서 두꺼운 옷을 입었습니다.
　　(**원인**)　　　　　　(**결과**)

공책에 썼더니 선생님께서 칭찬해 주셨다.
이제부터 원인과 결과가 잘 드러나는 말을 써야겠
다.

 그림을 보고 한 가지를 골라 학습 일기를
써 보세요.

$$13 + 25 = \square$$
$$94 - 56 = \square$$

월   일   요일   날씨

글감 : ______________________________________

____

____

____

____

____

____

____

어제 공부한 것 중에서 한 가지를 골라 공부
한 내용을 중심으로 학습 일기를 써 봅시다.

3. 관찰 일기

 관찰 일기를 쓰기에 좋은 사물

식물의 자람

동물의 자람

• 꼭 생각해 두세요.

1. 있는 그대로 씁니다. 짐작이나 어림잡아 쓰는 것이 아닙
   니다.

2. 변화가 생길 때마다 계속해서 씁니다.

3. 변화하는 과정을 그림을 그리거나 사진으로 찍어 붙이
   면 좋습니다.

 관찰 일기를 감상해 보겠습니다.

- 콩의 관찰

○월 ○일 ○요일 맑음

　　콩의 떡잎이 짝 벌어지고 그 사이로 본잎이 오그라
진 채 나왔다. 그러나 구부러졌던 줄기는 반듯해졌다.
　　아직도 콩 하나는 구부러진 채 입을 다문 모양이다.

(2학년 심준식)

- 올챙이의 관찰

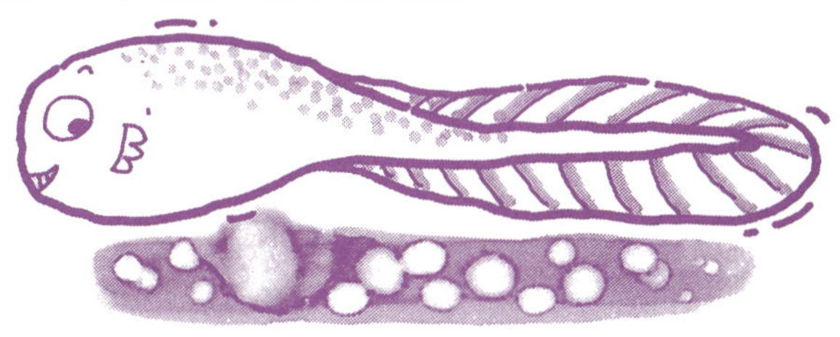

○월 ○일 ○요일 비

　　올챙이가 제법 커졌다. 머리 부분에 수염같이 생긴
것이 겉아가미라고 한다.
　　붕어 먹이를 살살 뿌려 주었다. 올챙이는 입을 벌려
그냥 삼켰다.

 돌담 밑, 놀이터 근처, 꽃밭 등에서 개미를 찾아 관찰해 봅시다. 관찰한 내용을 일기로 써 봅시다.

월 일 요일 날씨

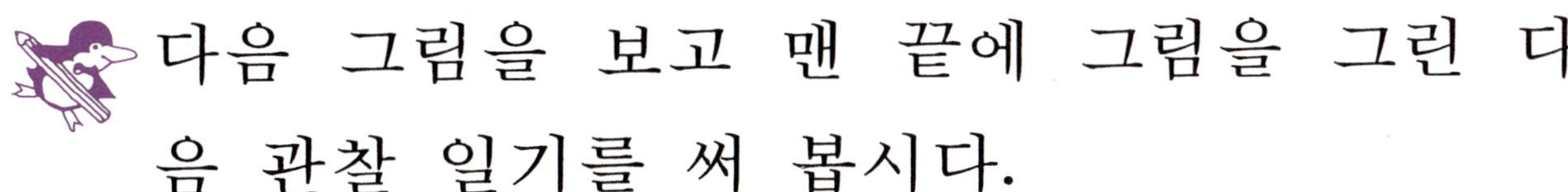

①　　　　　　　②　　　　　　　③

4. 생활 일기

 생활 일기란?

　생활 일기는 여러 가지 일기 중에서 대표라 할 수 있습니다.

　우리가 말하는 일기는 대부분 생활 일기를 뜻합니다. 생활 일기는 말 그대로 여러분들의 '생활'을 쓴 글입니다.

 어떻게 쓸까요?

1. 글감을 써 봅시다.

　아침에 일어나서 잠자리에 들기까지 한 일을 간단하게 써 봅니다.

2. 한 가지 글감을 고릅니다.

하루의 일 ─┬─ 가장 즐거웠던 일
　　　　　├─ 가장 슬펐던 일
　　　　　└─ 가장 화가 났던 일 등

3. 느낌을 적습니다.

4. 솔직하게 씁니다.

 다음 일기를 읽고, 물음에 답하여 써 보세요.

삼일절이다.

태극기를 달아야 했다.

올해엔 오빠가 달겠다고 한다. 난 오빠에게 양보하고 옆에서 지켜 보았다.

다른 집 대문을 살펴보았다. 그런데 모두들 국기를 달지 않았다. 왜 국기를 안 달았을까? 오늘이 삼일절인 것을 몰라서일까?

아니야, 우리 골목에는 선생님이 네 분이나 사시고, 변 선생님은 시인이신데 모를 리가 없어. 아하, 국기가 지저분해서 불에 태운 모양이지? 그래, 우리 골목에서 우리만 애국자가 되나 보다.

국기를 제대로 잘 다는 것도 애국자니까. 내년엔 내가 국기를 달아야지, 그리고 애국자가 되어야겠다.

(대전동초등학교 2학년 노윤혜)

 누가, 언제, 어디서, 무슨 일을, 왜 하였는지 써 봅시다.

대화글을 넣으면 더 실감이 나는 글이 됩니다. 다음 그림을 보고 빈 칸에 들어갈 말을 써 보세요.

생활 일기를 감상해 보겠습니다.

공부 시간에 내 짝이 책상을 자꾸 흔들었다.
"왜 그래?"
내가 화를 냈다.
2학년이 처음 된 날 집에 오니까 엄마께서 짝이 어떠냐고 물으셨다.
나는 친절한 것 같다고 대답했었다.
그런데 지금은 틀리다. 꼭 귀신 같다.
장난꾸러기에다 나한테 잘 해 주지도 않는다.
왜 남자 아이들과 짝을 하는지 모르겠다.
말썽쟁이 남자 아이들은 다 없어지고 여자끼리 짝을 했으면 좋겠다.

(중대부속초등학교 2학년 임수연)

 오늘 있었던 일 중에서 가장 기억에 남는 일을 생각해 봅시다.

1. 어떤 일인가요?

2. 누구와 함께 그 일을 하였습니까?

3. 하루 중 언제이며 장소는 어디입니까?

4. 그 일이 일어난 원인은 무엇입니까?

5. 그 일이 어떻게 끝났습니까?

6. 그 일을 겪을 때 느낌은 어떠하였습니까?

 앞에 쓴 내용을 토대로 재미있는 일기를 써

보세요.

월　일　요일　날씨

5. 감상 일기

　감상 일기는 여러 가지가 있습니다. 책을 읽고, 텔레비전을 보고, 연극이나 영화를 보고 난 후 느낌을 적은 것이 감상 일기랍니다.

 ## 독서 감상 일기란?

　책을 읽고 그 느낌을 일기 형식으로 쓴 글을 말합니다. 다시 말하면 독서 감상문과 같습니다.

 ## 독서 감상 일기는 어떻게 쓸까요?

1. 감동받은 부분을 다시 생각해 봅니다.

2. 가장 감동받은 일을 씁니다.

3. 자기의 생각과 느낀 점을 써 나갑니다.

 책을 읽고 인상 깊은 장면을 그림으로 그리
고 느낌을 글로 썼습니다.

○월 ○일 ○요일   맑음

　　을지 문덕 장군은 참으로 훌륭하다고 느꼈다. 오직
나라를 위해 목숨을 아끼지 않고 싸운 장군이기 때문
이다.
　　우리 나라보다 큰 나라를 상대해서 적은 수의 군사
로 승리한 을지 문덕 장군이 자랑스럽다.

(2학년 이철우)

 ‘흥부와 놀부’의 이야기를 읽고 감동받은 대목을 그림으로 그리고 느낌을 써 보세요.

월 일 요일 날씨

양치기 소년

하하하. 재미있다.
아니, 거짓말이잖아.
예끼, 이녀석! 어른들을 놀리다니 …….
양치기 소년은 이런 거짓말을 두 번씩이나 했지 뭐예요.
어느 날이었어요.
아니, 저게 뭐야?
느, 늑대다!
정말 늑대가 나타났어요.
사람 살려요!
또 거짓말을 하는구나!
자, 일이나 합시다.

1. 양치기 소년은 왜 거짓말을 했을까요?

2. 양치기 소년의 말을 들은 농부들은 어떻게 하였나요?

3. 양치기 소년이 거짓말을 한 것을 안 농부들의 마음은 어떠한가요?

4. 양치기 소년이 '늑대가 왔어요'하고 세 번째로 소리쳤을 때 농부들은 어떻게 하였나요?

5. 왜 농부들이 가만히 있었을까요?

6. 나중에 양치기 소년은 어떻게 되었을까요?

7. 이야기를 읽고 무엇을 느꼈나요?

 물음에 답한 내용을 잘 보고 감상 일기를
써 보세요.

월   일   요일 날씨

독서 감상 일기를 감상해 보겠습니다.

월   일   요일   비   날씨

쓸모없는 것
'떠버리 수탉 꾸꾸'를 읽고

 나는 이 책을 읽고 나도 잘난 체를 하지 않고 겸손한 마음을 가져야겠다고 생각하였다.

 어느 마을에 잘난 체를 하는 수탉 꾸꾸가 살고 있었다. 어느 날 주인의 '쓸모없는 녀석을 꼭 잡아 버립시다'라는 소리를 듣고 친구들에게 달려가 누가 가장 쓸모없는지 알아보라고 하였다.
 그런데 결국 잘난 체를 하는 꾸꾸가 죽고 말았다.
 쓸모없는 것은 잘난 체를 하는 마음이라는 걸 나도 이제 알았다. 나는 여태까지 잘난 체를 잘 해 왔었는데 지금이라도 겸손한 마음을 가져야겠다.
 내가 만약 수탉이었다면 힘든 일에 노력을 하고 친구들과 사이좋게 지낼 것이다.

(경기초등학교 2학년 박주영)

 # 독서 감상 일기를 써 보세요.

월   일   요일   날씨

6. 기행 일기

• 기행 일기란?

여행을 하면서 보고, 듣고, 느낀 점을 일기로 쓴 것입니다.

• 기행 일기는 어떻게 쓸까요?

1. 떠나는 즐거움이 나타나도록 씁니다.

2. 가는 도중의 경치도 씁니다.

3. 여행한 곳의 특색(기후, 특산물 등)을 씁니다.

4. 가장 인상 깊었던 일을 씁니다.

 그림을 보고, 짧은 글을 지어 봅시다.

치악산

'따르릉.'

시계가 6시를 알렸다.

나는 자리에서 벌떡 일어났다.

오늘은 강원도에 있는 치악산에 가기로 한 날이다.

옷을 입고 세수를 하였다.

다른 날보다 일찍 일어났지만 졸리지 않았다.

우리 가족은 7시에 집을 나섰다.

기차를 탔다. 산도 지나고 들도 지났다.

경치가 참 좋았다.

치악산에 도착해서 천막을 쳤다. 골짜기에서 목욕도 하고, 가재를 잡았다.

형은 가재를 많이 잡았지만 나는 한 마리밖에 못 잡았다.

물고기도 잡았다. 나중엔 물고기가 불쌍해서 모두 물에 놓아 주었다.

집에 돌아올 때는 친한 친구와 헤어지는 것같이 서운했다.

1. 지은이는 어디로 여행하였습니까?

2. 누구와 같이 갔습니까?

3. 무엇을 타고 갔습니까?

4. 가면서 본 것은 무엇입니까?

5. 한 일은 무엇입니까?

6. 어떤 느낌이 들었습니까?

 # 기행 일기를 감상해 보세요.

수안보의 밤하늘

  우리 가족은 수안보에 갔다. 밤 늦게 도착했다. 밤하늘의 별들은 꼭 별사탕을 깔아 놓은 것 같았다.

  아빠께서는 하늘에 있는 국자 모양의 별을 가리키시며 저것이 북두칠성이라고 하시며 그 별의 전설을 가르쳐 주셨다.

  정말 시골의 밤하늘을 바라보고 있으니 마치 별나라에 온 것 같았다. 별을 하나 둘 세어 보다 잠이 들었다.

  아침에 일어나 엄마하고 목욕을 했다. 온천물이라 그런지 몸이 아주 부드러워진 것 같다. 아빠께서는 식사 후 갈대가 하얗게 핀 언덕 위에 차를 세우시고 사진도 찍고 갈대도 꺾었다.

  누렇게 익은 벼이삭이 황금 물결처럼 출렁이고 있었다.

(2학년 이영주)

 여러분이 여행한 곳을 생각하여 써 보세요.

즐거운 여행

번호	간 곳	언제	누구와 함께 갔나?	무엇을 타고 갔나?
1				
2				
3				
4				
5				
6				
7				
8				
9				
10				

 앞쪽에서 가장 기억에 남는 여행지를 하나만 골라 다음 물음에 답해 보세요.

1. 여행한 곳은 어디입니까?

....

2. 누구와 함께 갔습니까?

....

3. 떠날 때의 마음은 어떠하였습니까?

....

4. 무엇을 타고 갔습니까?

....

5. 무엇을 보았습니까?

....

6. 한 일은 무엇입니까?

....

7. 어떤 느낌이 들었습니까?

....

 앞의 내용으로 기행 일기를 써 보세요.

월 일 요일 날씨

글짓기 기초 공부

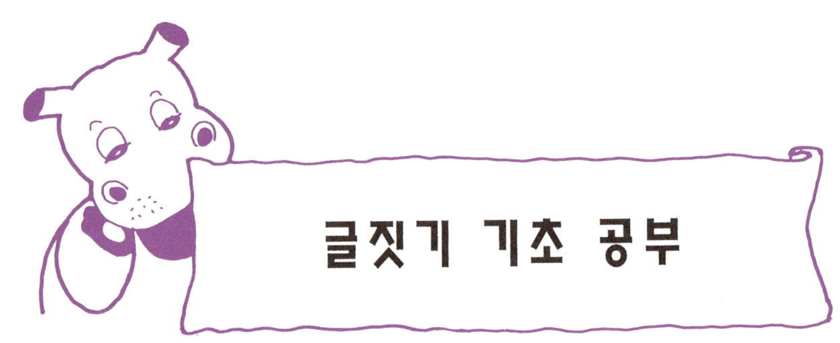

1. 낱말 익히기

 더 이상 쪼갤 수 없는 말

두 개 이상의 낱말이 어울려 된 말

 여러분이 알고 있는 낱말은 얼마나 될까요?

1. 한 글자로 된 낱말

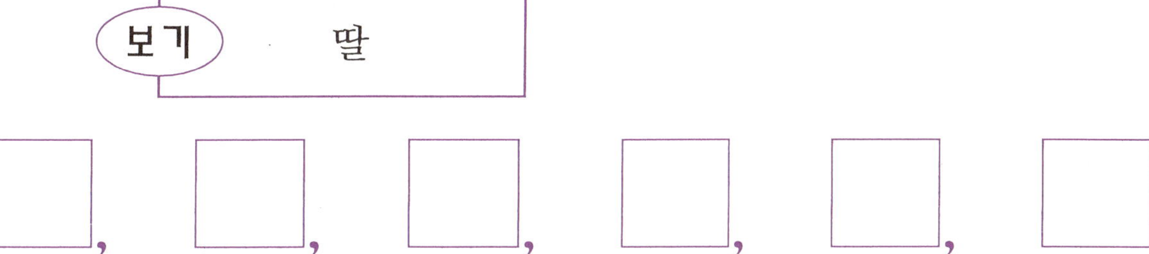

☐, ☐, ☐, ☐, ☐, ☐

2. 두 글자로 된 낱말

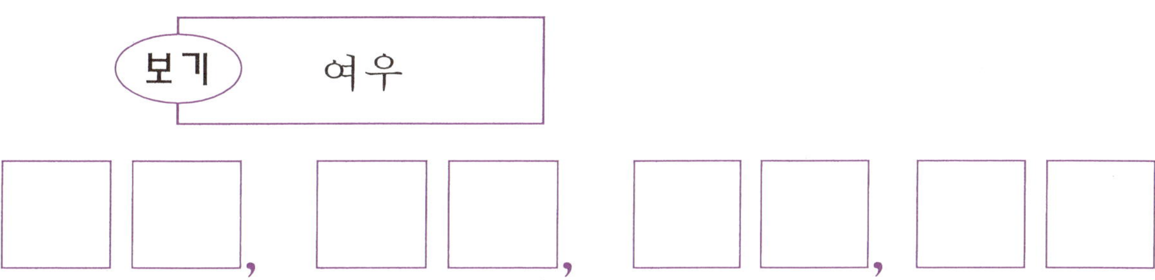

☐☐, ☐☐, ☐☐, ☐☐

3. 세 글자로 된 낱말

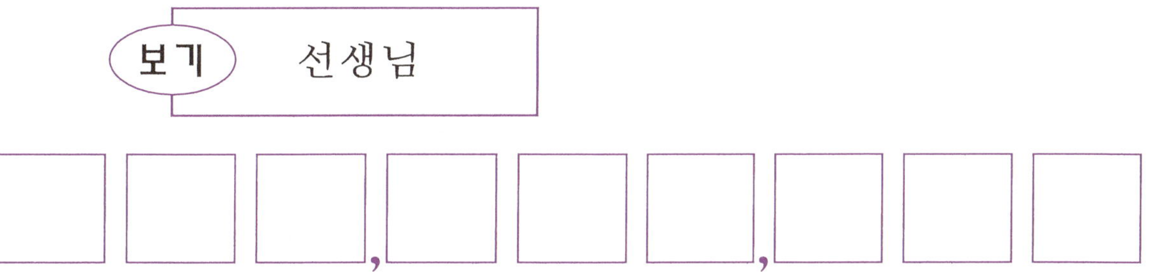

☐☐☐, ☐☐☐, ☐☐☐

4. 두 개 이상의 낱말이 어울려 된 말

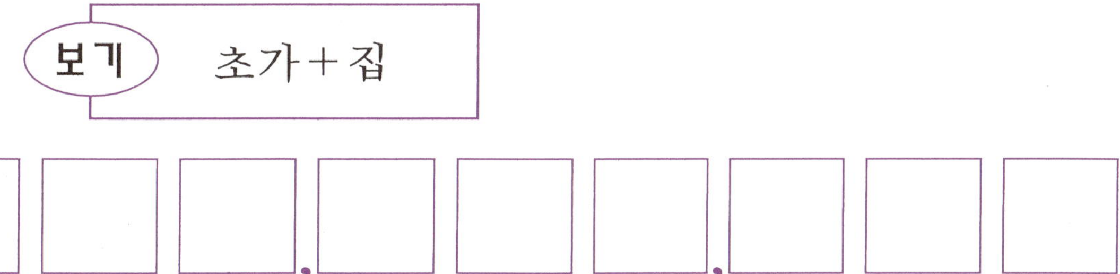

☐☐☐, ☐☐☐, ☐☐

2. 문장 익히기

문장 : 낱말이 모이면 문장이 됩니다.

 <보기>와 같이 뜻이 통하도록 문장을 만들어 보세요.

➪ 옛날에는 전화가 없었습니다.

1. 구름, 하늘

2. 소풍, 공원

3. 제비, 처마밑, 집

4. 바다, 여름, 해수욕

5. 강낭콩, 물, 화분

  빈 곳에 알맞은 낱말을 써 넣으세요.

가로 열쇠
① 개의 새끼
② 머리털의 낱개
③ ～방송

세로 열쇠
㉠ 아저씨의 아내
㉡ 사진기
㉢ ‘오라버니’의 어린이 말

3. 시늉말

시늉말 ┬ 소리 시늉말
      └ 모양 시늉말

 소리 시늉말 : 소리를 흉내낸 말

(   )   (   )   (   )

소리 시늉말이 어울리도록 줄을 그어 보세요.

아기가 ●	● 따르릉 ●	● 웁니다
매미가 ●	● 응아응아 ●	● 울립니다
전화가 ●	● 맴맴 ●	● 노래를 부릅니다

모양 시늉말 : 행동이나 모습을 흉내낸 말

(   )
(   )
(   )

모양 시늉말이 어울리도록 줄을 그어 보세요.

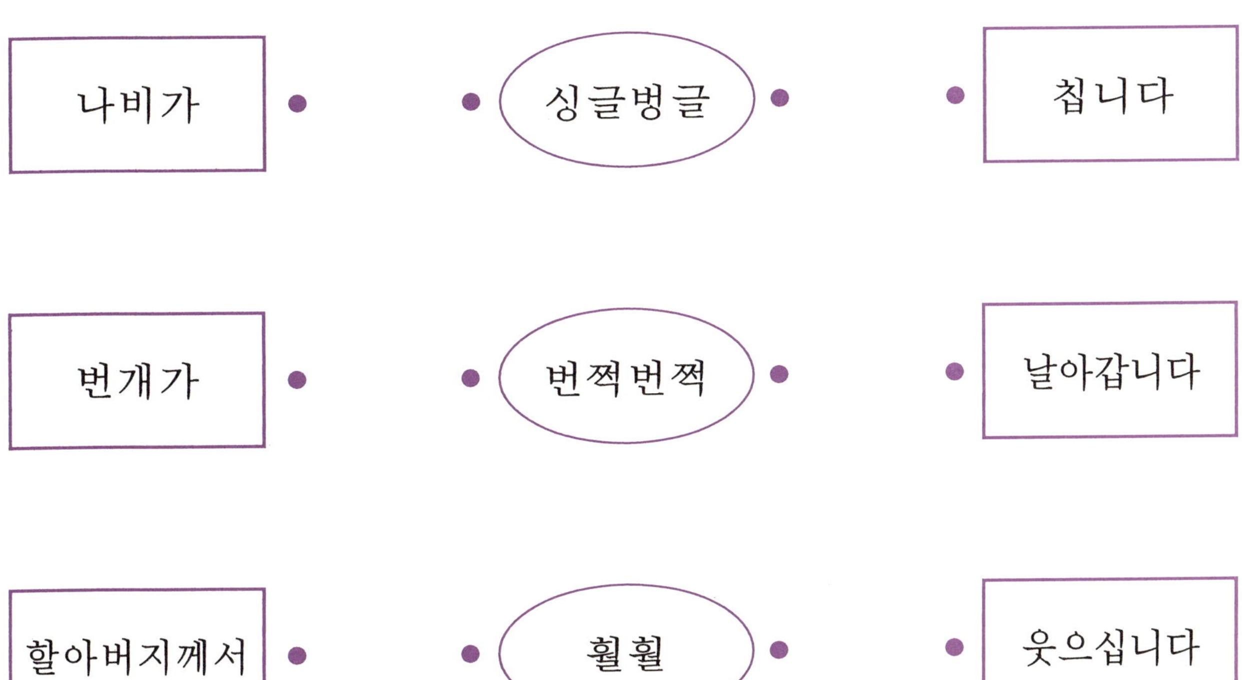

나비가   싱글벙글   칩니다

번개가   번쩍번쩍   날아갑니다

할아버지께서   훨훨   웃으십니다

 그림을 보고 알맞은 시늉말을 넣어 문장을
만들어 보세요.

 보기 와 같이 문장을 바꾸어 써 보세요.

> 보기
>
> 아기가 아장아장 걸어간다.
> ⇨ 아장아장 걷는 아기

1. 별이 반짝반짝 빛난다.

⇨ ....

2. 오리가 뒤뚱뒤뚱 걸어간다.

⇨ ....

3. 우리 가족은 오순도순 정답게 이야기한다.

⇨ ....

4. 파도가 철썩철썩 친다.

⇨ ....

5. 나뭇잎이 울긋불긋 물든다.

⇨ ....

6. 시냇물이 졸졸졸 흘러간다.

⇨ ....

7. 자동차가 부르릉 달려간다.

⇨ ....

4. 문장 부호 익히기

 문장 부호를 익혀 봅시다.

마침표	• 문장이 끝났을 때

물음표	• 직접 물을 때

느낌표	• 느낌을 힘차게 나타낼 때

쉼표	• 부르는 말 뒤에 • 대답하는 말 뒤에

큰 따옴표	• 직접 말할 때 • 남의 말을 따올 때

작은 따옴표	• 마음 속으로 한 말

1. 참 아름답다

2. 안녕하세요

3. 순이야 놀자

4. 왜 그러니

5. 공이 있다

6.

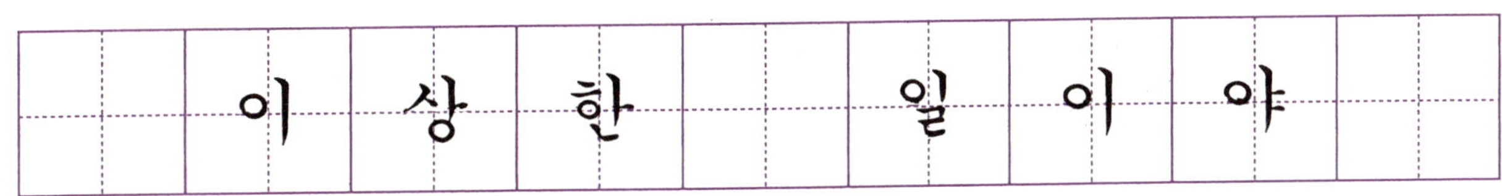

5. 문장 바꾸어 써 보기

학교에 가다
지난 일
① 학교에 갔다.
지금의 일
② 학교에 간다.
앞으로의 일
③ 학교에 갈 것이다.

공부를 하다
①
②
③

눈이 오다
①
②
③

6. 자세히 써 보기

 꾸미는 말을 넣으면 자세한 문장이 됩니다.

예쁜 꽃이 활짝 피었다.

______ 아이들이 ______축구
를 합니다.

______ 단풍잎이 ______
물들었습니다.

__________ 노래를__________
부릅니다.

__________ 빗자루로 마당을
__________ 쓸었습니다.

__________ 겨울날 __________
스케이트를 탑니다.

7. 원인과 결과

 원인과 결과가 잘 드러나도록 문장을 써 봅시다.

늦잠을 자서

(원인)

지각을 하였습니다.

(결과)

풋과일을 많이 먹어서, ________________________

비가 많이 와서, ________________________

 원인과 결과가 잘 드러나도록 문장을 써 봅시다.

1.

청찬을 받았습니다.

2.

아기가 무럭무럭 자랐습니다.

3.

웃었습니다.

4. 날씨가 추워서

5. 물이 맑아서

6. 큰 소리로 울어서

8. 원고지 쓰기

어어, 이게 무슨 종이지?
호호, 원고지 라는 종이야.
원고지?
글자를 한 자 한 자 써 넣기에 좋은 종이지.
선생님, 자기가 글을 얼마나 썼나 알 수 있겠네요?
그럼.
줄과 줄 사이는 왜 비워 놓았죠?
글자를 더 써 넣거나 고치는 데 편리하라고 비워 놓았지.
네에.
원고지 쓰는 법을 알려 줄까?
네, 선생님.

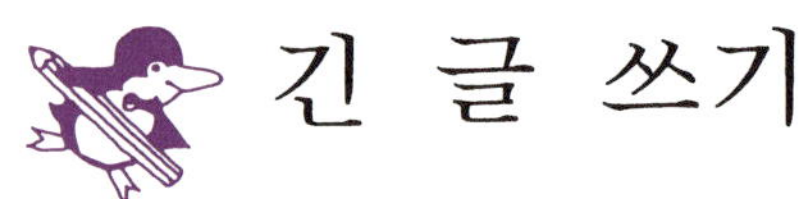 긴 글 쓰기

② 제목은 둘째 줄 가운데에 씁니다.
③ 학교 이름 다음에는 세 칸을 비웁니다.
④ 이름 뒤에는 두 칸을 비웁니다.
⑥ 한 칸을 띄운 다음 둘째 칸부터 쓰기 시작합니다.

①	(	비	워		둡	니	다	)			
②					짝	꿍					
③		서	울	등	촌	초	등	학	교	○	○	○
④		1	학	년		7	반		김	성	은	○	○
⑤	(	비	워		둡	니	다	)			
⑥	○	내		짝	꿍	은					

 **다음 글을 원고지에 써 보겠습니다.**

나의 하루

  난 항상 늦잠을 잔다.

  엄마가 저녁에 일찍 자라고 하셔도 밤에는 잠이 잘 오지 않는다.

  오빠와 장난을 하다 보면 숙제랑 준비물 챙기기도 바쁘다.

(서울 등촌 1의 7 이리나)

			나	의		하	루		
			서	울	등	촌	초	등	학	교
			1	학	년		7	반		이	리	나
	난		항	상		늦	잠	을		잔	다 .
	엄	마	가		저	녁	에		일	쩍		자
라	고		하	셔	도		밤	에	는		잠	이

다음 글을 원고지에 옮겨 보세요. 학교와 반
이름은 여러분 것을 써 보세요.

피 서

올 여름은 무척 덥다.
빨리 피서를 가고 싶었다.
어떤 때는 바닷가가 눈앞에 떠올랐다.
하루하루 피서 갈 날을 손꼽아 기다렸다.
어느 날이었다.
아빠께서 전화를 하셨다.

 동시 쓰기

① 비워 두거나 글의 종류, 즉 '동시'라고 써도 됩니다.

③ 학교 이름을 붙여 써도 됩니다.

⑥ 앞 한 칸은 다 비워 둡니다.

⑧ 연과 연 사이는 비웁니다.

①														
②					올	챙	이							
③					종	몽	초	등	학	교				
④					ㄱ	의		3		김	미	정			
⑤														
⑥		헤	엄	도		잘		치	고					
⑦		물		속	에	서		숨	도		쉰	다			
⑧														
⑨		젓	도		먹	지		않	고							
⑩		엄	마	가		없	어	도		잘		논	다			

 여러분도 원고지에 동시를 옮겨 보세요. 학
교와 반 이름은 여러분 것을 써 보세요.

돌

돌은 물을 먹고 큰다고
아버지가 그러셨어요.

비 온 뒤에 보니
길에 작은 돌이 생겼어요.
냇가에도 자갈이 많았어요.

정말 돌은
물을 먹고 크나 봐요.

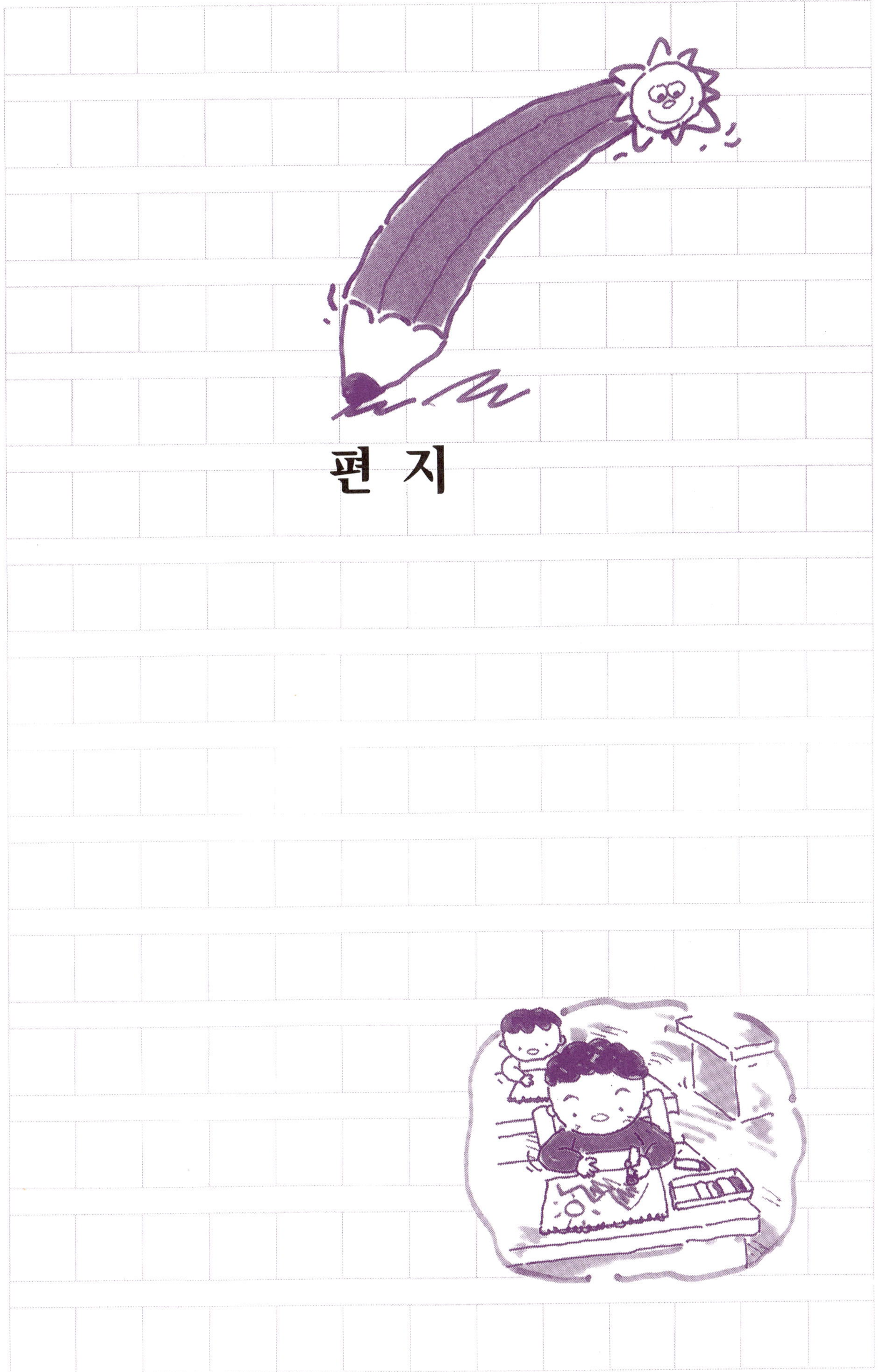

편 지

편지글은 일정한 형식이 있습니다.

고모께 ──────────────── 받을 사람

　날씨가 무척 더워졌어요. 식구들 모두
잘 계신지 궁금합니다. 저희 식구들은 건
강하게 지내고 있습니다. 〉 첫인사

　며칠 있으면 여름 방학이 시작됩니다.
여름 방학 때 꼭 고모댁에 가겠습니다.
　작년처럼 승호형과 재미있게 놀겠습니
다. 〉 하고 싶은 말

　그럼, 안녕히 계십시오. ──────── 끝인사

7월 10일 ───── 쓴 날짜

한나 올림 ────── 쓴 사람

빛나에게

나는 방학을 재미있게 보내고 있어.

수영장에도 다니고, 시원할 때 친구들과 놀이터에서 그네와 미끄럼을 타며 논단다.

참, 놀라운 소식을 들려 줄게.

아버지께서 귀여운 강아지를 사 주셨어. 이름을 '재롱이'라고 지었단다.

우리 집에 재롱이 보러 꼭 와.

안녕.

5월 20일

현주 ☐

 다음 편지는 재석이가 전학 간 친구 상호에
게 보낸 글입니다.

보고 싶은 상호에게
상호야, 그 동안 잘 있었니?
며칠 전 눈이 내려 무척 즐거웠단다. 난 감기 걸리지
않고 잘 있어.
너에게 알려 줄 말이 있어서 편지를 하는 거야.
너하고 친했던 영민이가 병원에 입원을 했단다.
무척 놀랐지?
나하고 같이 영민이에게 병문안을 가자.
내 편지 받고 날짜와 시각, 장소를 써서 답장해 줘.
그럼, 만날 때까지 안녕.

1월 17일
재석 보냄

 여러분이 상호가 되어 재석이에게 답장을 보내세요.

재석이 에게

편지글은 예의를 갖추어야 합니다. 받을 사람과 쓴 사람의 이름 뒤에 쓴 말은 상대방에 따라 다릅니다.

어떤 말을 써야 예의에 어긋나지 않을까요?

	받을 사람		보내는 사람
	할아버지		석준
	선생님		샘이
	오빠		혜미
	석호		유리

 편지글에서 가장 중요한 부분은 '하고 싶은 말'입니다. 가영이는 부산에 사는 사촌 언니 지영이에게 다음과 같은 할 말이 있습니다.

○ 삼촌이 군대에 가게 되었다.
○ 삼촌이 지영이 언니를 보고 싶어한다.
○ 나도 지영이 언니가 보고 싶다.
○ 일요일에 한 번 다녀갔으면 좋겠다.

 여러분이 가영이가 되어 지영이 언니에게
편지를 써 보세요.

편지글의 종류는 여러 가지입니다.

1. 위문 편지

국군 아저씨

경찰관 아저씨

소방관 아저씨

우체부 아저씨

병이 든 사람

홍수를 당한 사람

 앞의 그림을 보고 가장 위로하고 싶은 분을
골라 위문 편지를 써 보세요.

상아야, 안녕?

너를 내 생일에 꼭 초대하고 싶어.

꼭 와 줘.

- 때 : 199○년 ○월 ○일(○요일)

  ○시

- 곳 : 우리 집

  (전화번호 ○○○-○○○○)

1995년 ○월 ○일

민철이가

편지

 여러분의 생일을 앞두고 친구를 초대하는
편지를 써 보세요.

편지글을 감상해 보세요.

북한 어린이에게

안녕?

나는 남한에 사는 강연수란다.

나는 너희들의 이야기를 선생님이나 텔레비전을 통하여 많이 들었어.

너희가 사는 나라는 정말 거미가 사는 것 같아. 왜냐 하면 이사, 외식, 여행, 장례식도 마음대로 못 하잖니?

우리는 너희가 생각하는 것과는 달라. 우리는 이사도 마음대로 다니고, 먹고 싶은 것, 사고 싶은 것을 마음대로 해. 우리는 자유로워서 편하고 즐겁단다.

우리는 전쟁을 아주 나쁘다고 생각한단다. 더구나 우리와 너희는 같은 민족이야. 서로 싸우는 건 옳지 못해.

우리 빨리 통일이 되도록 노력하자. 통일이 되면 만나서 재미있게 놀자.

그럼, 안녕.

19○○년 ○ 월 ○ 일

남한의 연수가

편지 봉투

편지야, 빨리 가거라.
아니, 너?
왜 그렇게 놀라니?
규격 편지 봉투에 넣어야지.
POST
앗, 하하. 어머, 내 실수!
자, 이제 됐지?
에계계!
또 왜?
누가 누구에게 편지를 보내는 거니?
정말!
오늘 내가 왜 이러지?
주소를 정확하게 쓰도록.
네, 알았습니다.

편지 봉투 쓰는 법

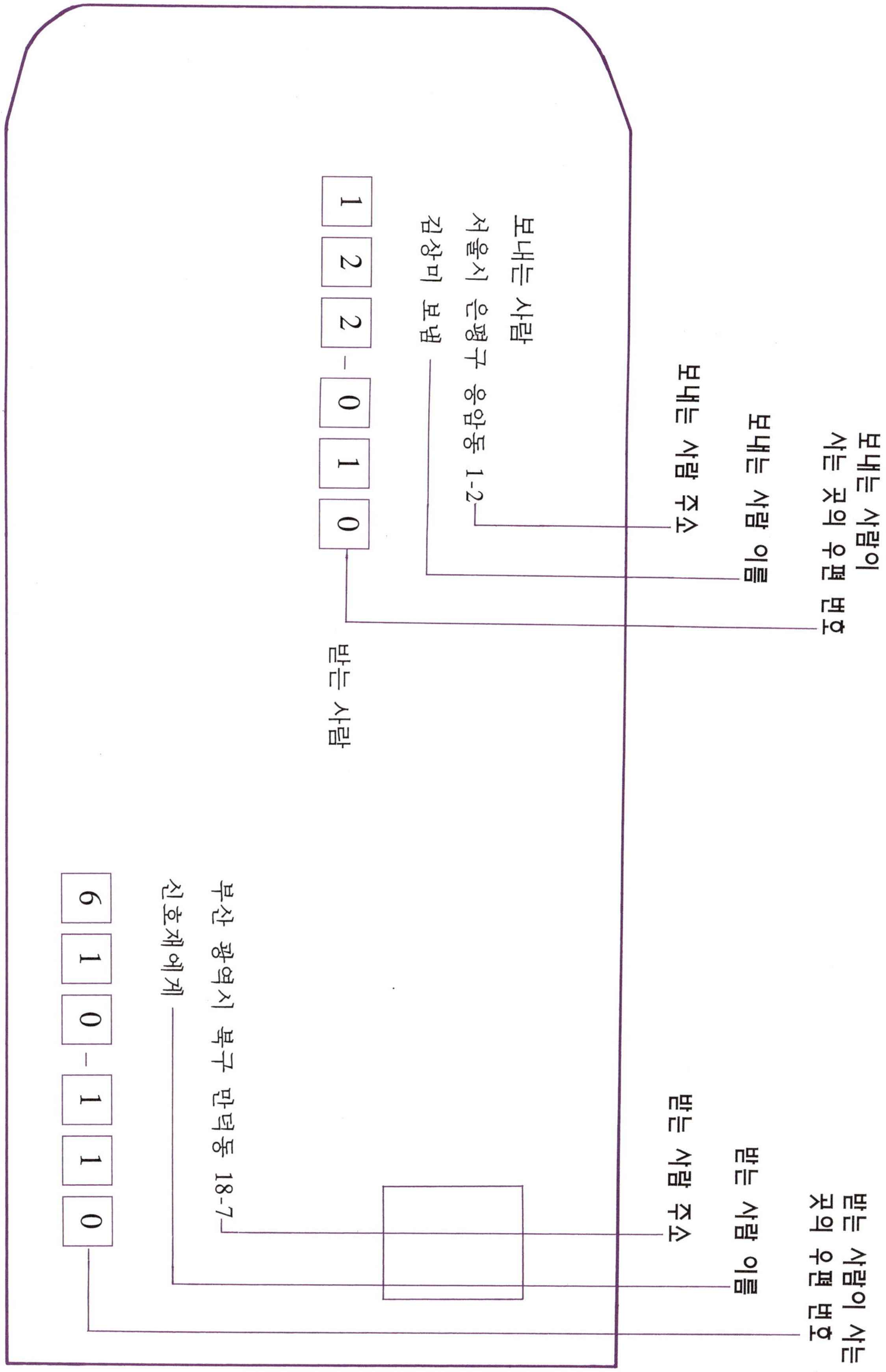

보내는 사람이 사는 곳의 우편 번호

보내는 사람 이름

보내는 사람 주소

보내는 사람
서울시 은평구 응암동 1-2
김상미 보냄

1 2 2 - 0 1 0

받는 사람

받는 사람이 사는 곳의 우편 번호

받는 사람 이름

받는 사람 주소

부산 광역시 북구 만덕동 18-7
신호제 에게

6 1 0 - 1 1 0

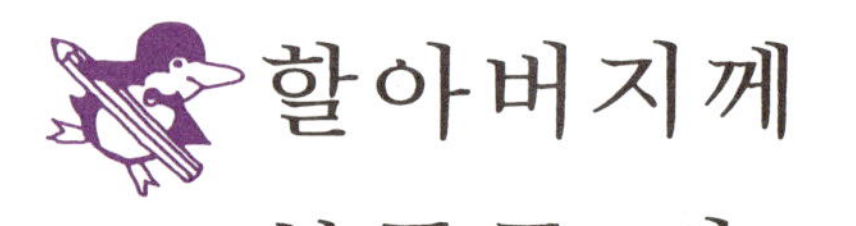 할아버지께 편지를 보내려고 합니다. 편지
봉투를 써 보세요.

 편지글의 형식에 맞추어 보내고 싶은 사람에게 편지를 써 보세요.

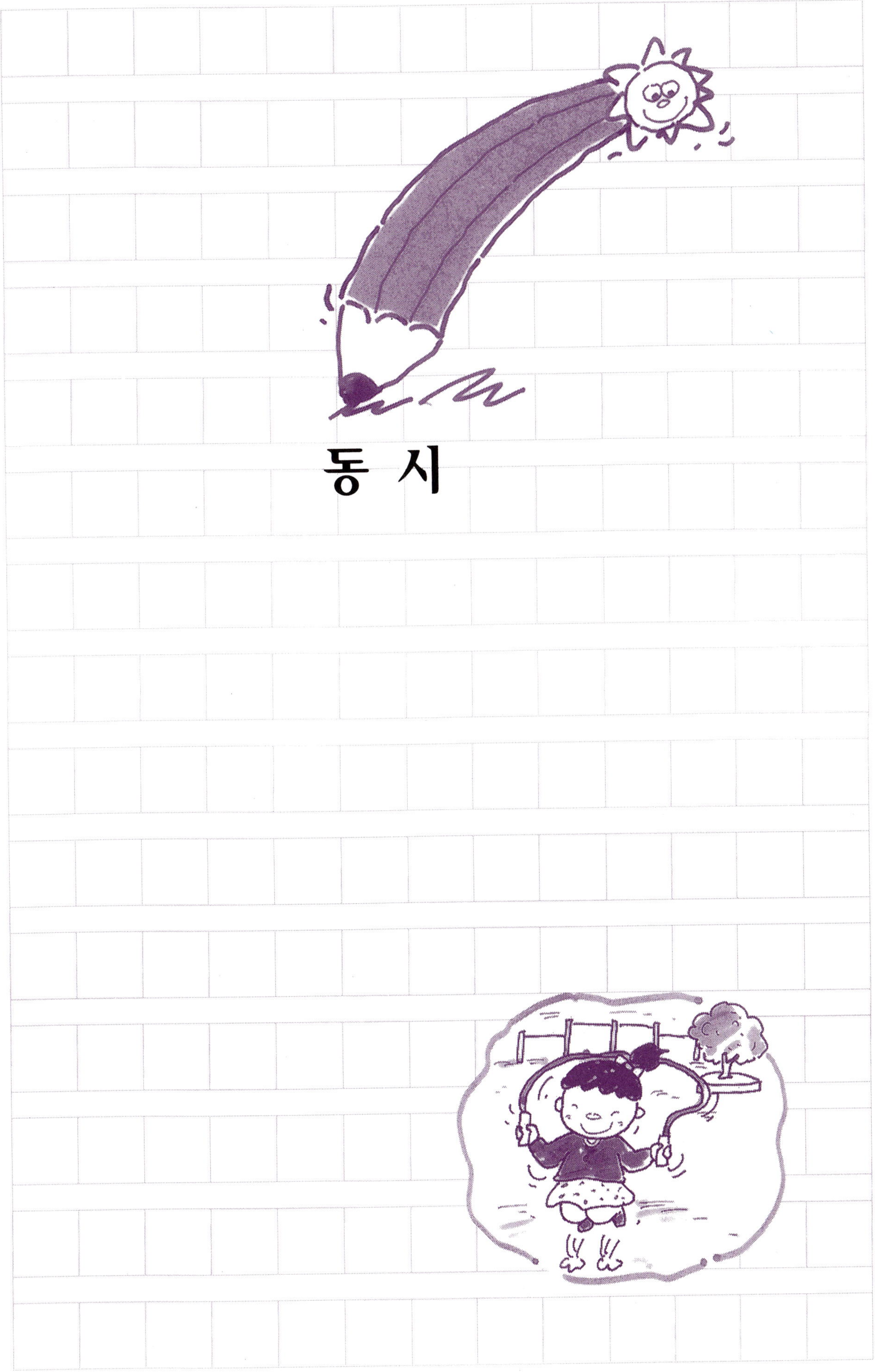

동 시

개미

줄을 서서 가는 개미 떼
아기개미들이
걸음마 연습을 하나?

맨 앞에 있는 개미는
엄마개미인가 봐.

엄마따라 졸졸졸
걸음마 배우는 아기개미들.

(대치초등학교 2학년 최승희)

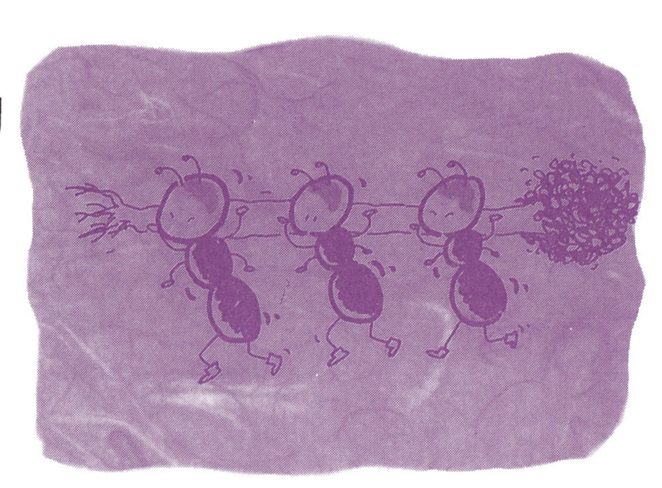

동시는 연과 행으로 나뉘어져 있습니다.

바구니 터뜨리기 ······ 제목

1연
2학년 언니들의 ······ 1행
콩주머니 던지기 ······ 2행
이겨라! 이겨라! ······ 3행
응원을 하였다. ······ 4행

2연
탁탁! 툭툭! ······ 1행
요란한 소리내어 ······ 2행
바구니를 터뜨린다. ······ 3행

3연
와! ······ 1행
박수로 ······ 2행
운동장이 꽉 찼다. ······ 3행

(북가좌초등학교 1학년 류지선)

이 동시는 3연 10행입니다.

 **다음 동시를 연과 행으로 나누어 보세요.**

선생님 얼굴

선생님 얼굴은 우리들이 변하게 해요.
우리들이 떠들면 화난 얼굴
우리들이 말 잘 들으면 웃는 얼굴
선생님 얼굴은 우리들이 변하게 해요.

(대림초등학교 2학년 이지상)

긴 글을 쓴 다음 동시로 써 보았습니다.

아침을 먹고 하늘을 보았습니다.

하늘에 새까만 구름이 덮여 있었습니다.

우산을 들고 집을 나섰습니다. 갑자기 비가 좍좍 내렸습니다.

구름이 비를 내렸습니다.

큰길에 다니는 차들이 비 때문에 달리지 못하였습니다. 길이 미끌미끌하니까 빨리 달리지 못하였습니다.

→

새까만 구름이
하늘을 덮었습니다.

학교 올 때
좍좍 비가 내렸습니다.
구름에서 내렸습니다.

차들이 비 때문에 미끌미끌했습니다.

 동시는 잘 쓰려고 욕심을 부리면 좋은 시가 나오지 않는답니다. 내 생각을 자연스럽게 짧은 글로 써 보면 됩니다.

강아지

내 친구들은
강아지가 있다고
자랑한다.

나도 강아지를
키우고 싶다.

아빠도 엄마도
안 된다고 한다.

난
내 마음 속에라도
강아지를 키우겠다.

외국에 가신 선미 아버지께서 편지를 보냈습니다. 선미는 아버지의 편지를 보면서 머릿속에 떠오르는 생각이 있었습니다.

생각 나무

편지

외국에 간 아빠가
편지를 보내셨다.

선미야!
아빠는
선미가
보고 싶단다.

아빠도
나를 생각했나 봐.

아빠가 보고 싶어
자꾸자꾸
눈물이 난다.

 내 동생을 가만히 생각해 보세요. 어떤 낱말
이 떠오르나요?(동생이 없는 어린이는 누나,
언니, 오빠를 생각하세요.)

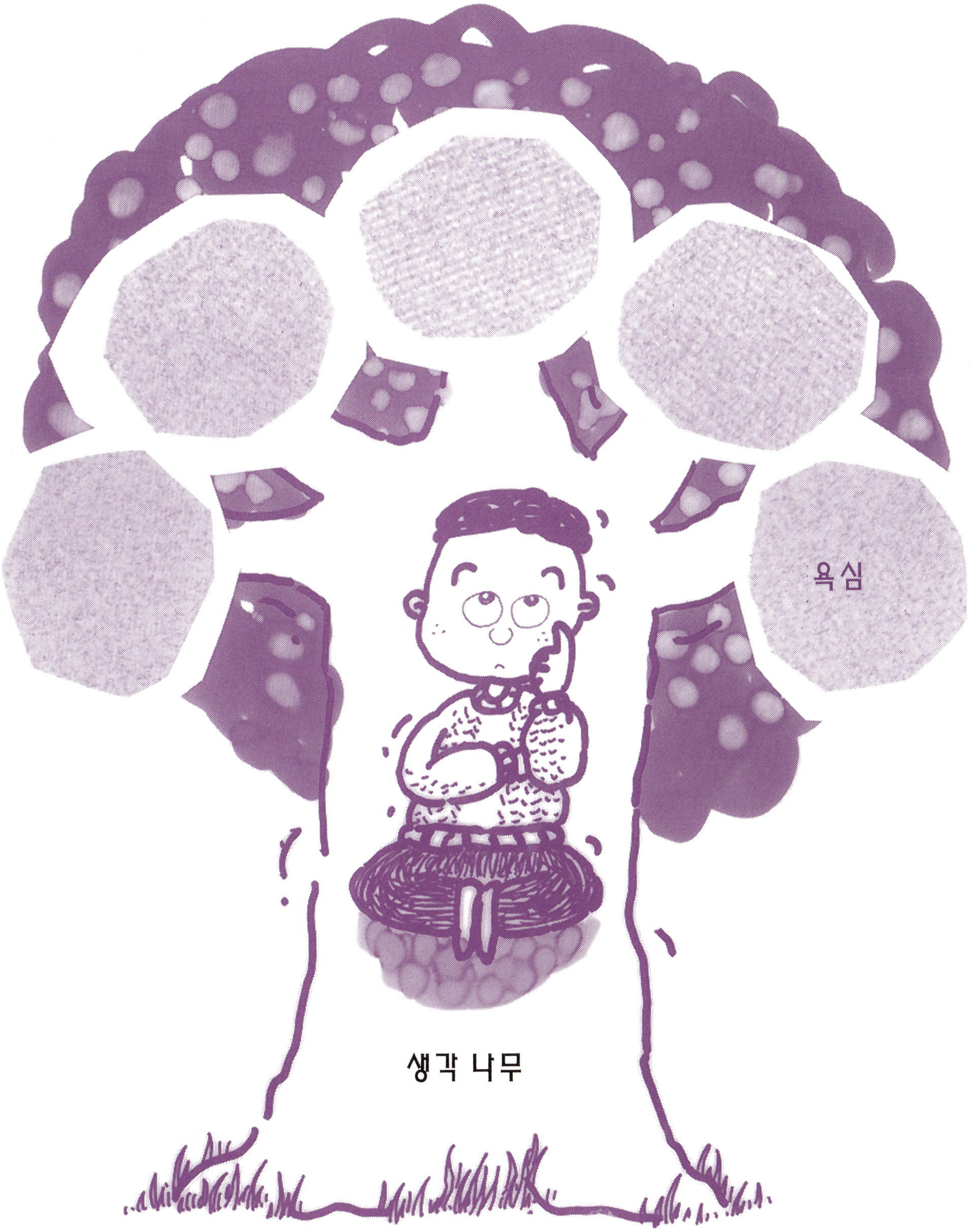

 앞의 생각 나무의 낱말을 잘 사용하여 한
편의 동시를 써 보세요.

내 동 생

내 동생 준민이는
개구쟁이지요.

무엇이든지
혼자 가지려고
욕심을 부리지요.

그러나
내 동생은 용감하지요.

공 차다가 넘어져도
울지 않아요.

나는
내 동생이 좋아요.

동시에 시늉말을 넣으면 글이 더 생생한 느낌이 듭니다. 다음 동시에 시늉말을 넣어서 완성해 보세요.

마음의 시계

어머니 품에 얼굴을 묻으면

　　　　　　　 뛰는 시계

내 가슴에 손을 얹어도

　　　　　　　 뛰는 시계

언제나 쉬지 않고 잘 가는
마음의 시계

(등촌초등학교 1학년 조은혜)

바 람

바람은 책을
잘도 읽지.

내가 책을 읽다가
엄마에게 달려가면

바람은 소리 없이
나 몰래 다가와

책장을
마구 넘기지요.

(대치초등학교 2학년 최승희)

생활문

생활문

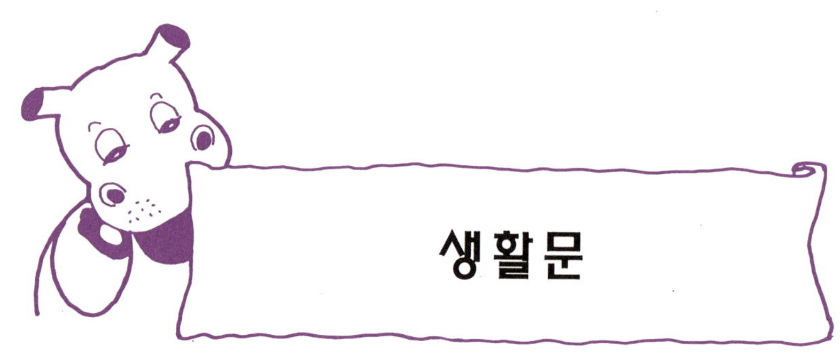

1. 생활문이란?

하루하루 살아가는 것을 생활이라고 합니다.

생활문은 말 그대로 일상 생활에서 겪었던 일을 글감으로 쓴 글을 말하지요.

2. 생활문의 글감으로 좋은 것은 어떤 것이 있을까요?

기뻤던 일

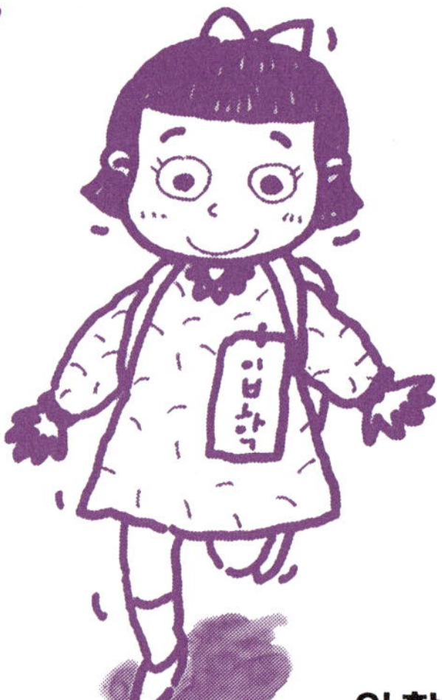

입학식

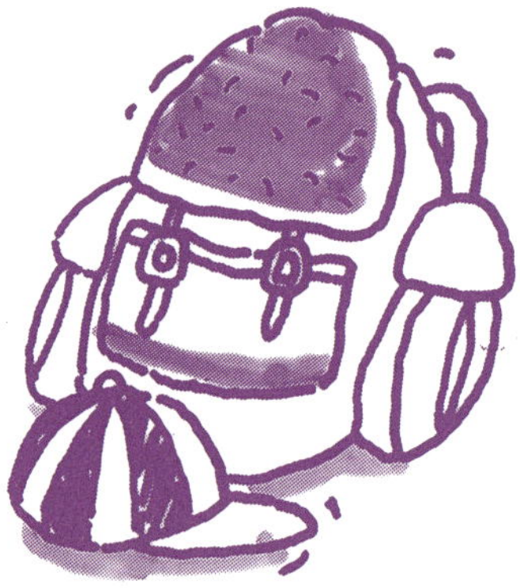

소풍

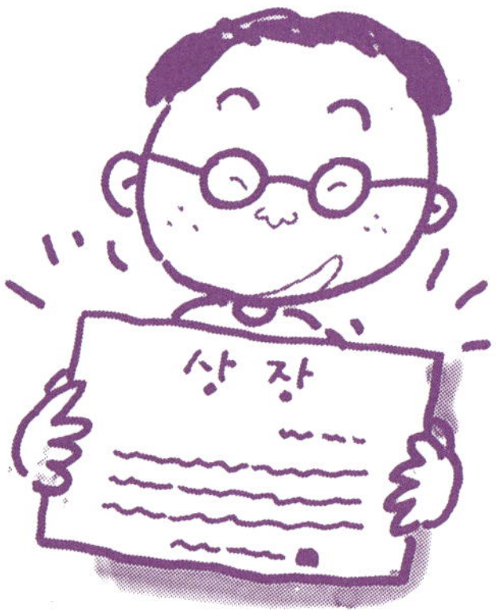

상 받은 일

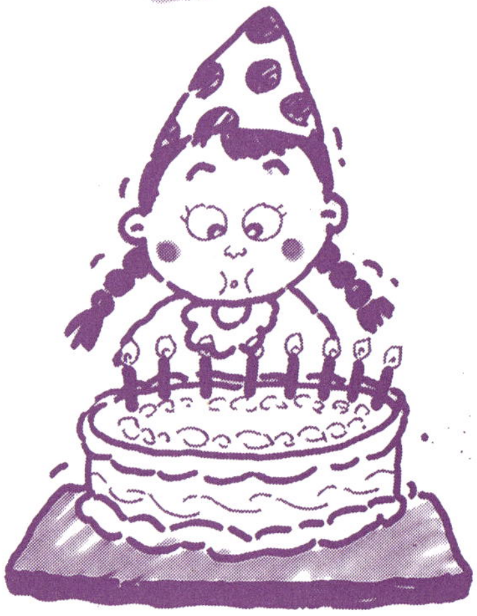

생일

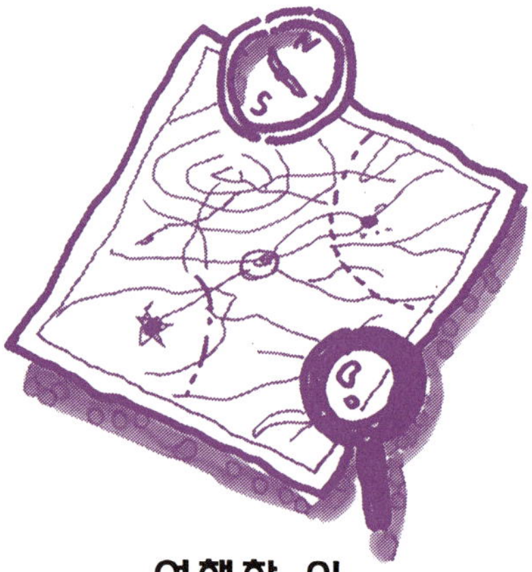

여행한 일

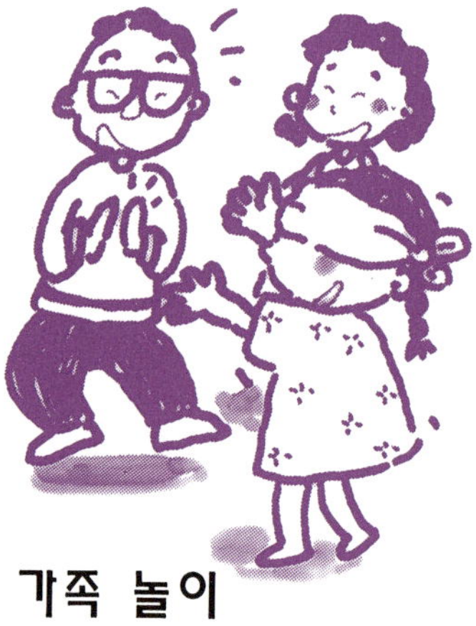

가족 놀이

 슬펐던 일

전학 간 친구

전근 간 선생님

죽음

물건을 잃어버림

야단맞음

입원

인상 깊었던 일

친척의 결혼

학예회

싸움

 ## 오늘이 무슨 날인지 써 보세요.

친척들이 많이 오셨습니다.

부엌에서는 맛있는 냄새가 났습니다.

할아버지께 선물을 드렸습니다.

달콤한 케이크와 맛있는 음식을 먹었습니다.

오늘은 무슨 날일까요?

아침에 깨끗한 옷으로 갈아
입었습니다.

차례를 지냈습니다.

송편을 먹었습니다.

달맞이를 하였습니다.

다음은 수영이가 가족들과 해수욕장에 갔던 이야기를 그림으로 나타낸 것입니다.

 앞쪽의 그림을 보고 물음에 답하세요.

1. 그림 속에 나오는 사람은 누구누구입니까?

2. 해수욕장 간 때는 언제이며, 어디로 갔나요?

3. 해수욕장에 가서 어떤 일을 하였나요?

4. 수영이는 무엇을 생각하고 느꼈을까요?

5. 제목을 붙여 보세요.

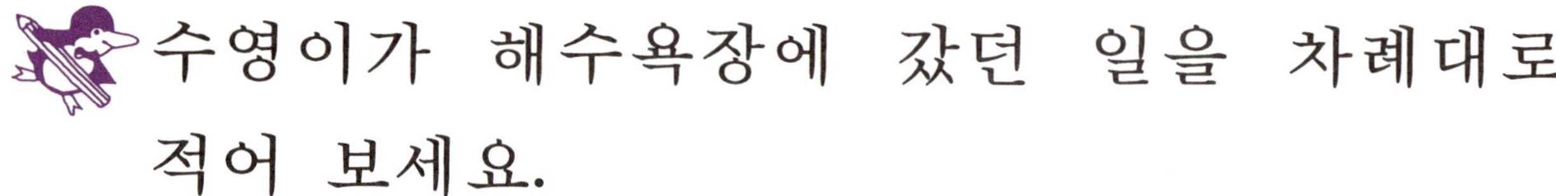 수영이가 해수욕장에 갔던 일을 차례대로
적어 보세요.

1.

2.

3.

4.

5.

6.

수영이와 가족들은 어떤 대화를 하였을까요? 상상하여 빈 곳에 써 보세요.

바닷가에서 생긴 일

찜통 더위가 계속되는 가운데 아버지의 여름 휴가를 맞았다.

우리 가족과 친척 열네 명은 무더위를 한풀 꺾으러 서해안의 해수욕장으로 달려갔다.

그 곳에는 백여 명의 사람들이 무언가를 열심히 캐고 있었다. 가까이 가서 보니 조개였다.

나도 흙 속에 손을 넣어 보았다. 하얀 조개가 한 움큼 내 손에 잡혔다. 조개 세 바구니를 가지고 텐트에 돌아와서 점심을 먹었다. 이런 곳에서 점심을 먹으니 아주 맛있었다.

물이 많아지자 사촌 동생 지명이와 헤엄을 치러 달려갔다. 신나게 헤엄을 치다 보니 거센 파도가 밀려오는 것도 몰랐다. 우리는 그 짠 바닷물을 실컷 마셨다.

게 50여 마리와 조개를 갖고 시원한 바람을 맞으며 돌아왔다. 여러 가지 생각이 머리에 스쳤다. 처음으로 파도에 휩쓸린 즐거운 날이었다.

(서원초등학교 김용호)

1. 제목은 무엇인가요?

2. 왜 바닷가에 가게 되었나요?

3. 누구누구와 갔나요?

4. 어디로 갔나요?

5. 바닷가에서 본 것은 무엇이었나요?

6. 한 일은 무엇이었나요?

7. 어떤 생각을 하였나요?

 생활문을 감상해 보세요.

우리 집 병원

초인종이 '딩동' 하고 울렸다.
"누구지?"
나는 문을 열어 주었다.
나와 친한 친구인 경환이였다.
"아니, 네가 웬일이니?"
"감기에 걸려서 주사를 맞으려고 왔어."
"그래? 어서 와."
경환이가 대답하였다. 우리 아빠는 내과 의사셨다. 우리 집이 꼭 병원 같았다.
아빠가 주사를 꺼내 오셨다.
주사를 맞을 때 경환이의 궁둥이를 보았다. 궁둥이는 동글동글하였다.
나는 웃음이 터져 나왔다.
"아이고, 우습다!"
경환이는 주사를 맞을 때 눈을 찡그렸다.
경환이가 가고 나자 나는 우리 집을 '우리 집 병원'이라 부르기로 했다.

(대치초등학교 2학년 김재찬)

 # 생활문은 어떻게 쓸까요?

첫째 : 차례에 맞게 씁니다.

둘째 : 본 일, 들은 일, 느낀 일, 생각한 일을 자세히 씁니다.

바른 순서로 늘어놓아 보세요.

(개) 

(내) 

(대) 

(라) 

(마) 

(배) 

(나) ➪ ( ) ➪ ( ) ➪ ( ) ➪ ( ) ➪ ( )

 # 만화를 읽어 보세요.

머리가 왜 이렇게 어지럽지?
지연아! 왜 그러니?
아, 아무것도 아니에요.
지연아! 왜 가만히 있니?
머리가 아파, 나 집에 갈래.
엄마, 머리가 아파요.
어디 보자. 머리와 목을 만져 보면 ……
너 목감기 구나!
아빠가 약을 사 올 테니 누워 있어라.
아빠, 미안해요.

감기

아침에 일어나니 머리가 조금 어지러웠다. 하지만 어머니에게는 말하지 않았다.

보통 때처럼 아침밥을 먹고 친구와 놀았다. 갑자기 머리가 굉장히 아팠다.

"엄마, 나 어지럽고 아파요."

어머니께서 이마와 목을 만져 보시더니 크게 놀라셨다.

"아니, 너 목감기구나."

이어서 아버지도 말씀하셨다.

"아빠가 약 사 올 테니 누워 있어라."

나는 그만 잠이 들었다.

잠에서 깨어나니 엄마가 옆에 계셨다.

"많이 아프니?"

"네."

나는 힘없는 목소리로 대답했다. 열이 갑자기 올랐다. 뜨거운 손으로 이마를 만지니 뜨거운지도 몰랐다. 뭐가 뭔지 구별할 수 없었다.

어머니께서 또 한 번 머리를 짚어 보시더니 크게 놀라셨다.

"아니, 열이 굉장히 심하네!"

"우리 동네 약국은 문을 다 닫았어. 이웃 동네에 가서라도 약을 사 와야겠군."

아버지는 그렇게 말씀하시곤 나가셨다.

아버지가 사 오신 약을 먹고는 괜찮아졌다.

“지연아, 이제 괜찮으니까 푹 자거라.”

“네. 엄마.”

나는 이렇게 대답했다. 갑자기 졸음이 스르르 왔다. 잠이 들면서 나는 이렇게 생각했다.

‘일요일은 제발 아프지 않았으면 좋겠어.’라고…….

(대치초등학교 2학년 김지연)

 글감을 찾아보세요.

 앞의 글감 중에서 한 가지를 정해 자세히
써 봅시다.